Mes premiers mots de science

DES MOTS DE LA MATIÈRE

COLLECTION CRABTREE « LES JEUNES PLANTES »

Taylor Farley

CRABTREE
PUBLISHING COMPANY
WWW.CRABTREEBOOKS.COM

matière

(MA-ti-èr)

2

solide
(SO-lid)

liquide
(LI-kid)

gaz
(GAZ)

états

(É-ta)

décrire
(DÉ-krir)

couleur
(KOU-leur)

vert

bleu

jaune

orange

rose

taille
(TAY)

grand

petit

17

texture
(TÉKS-tur)

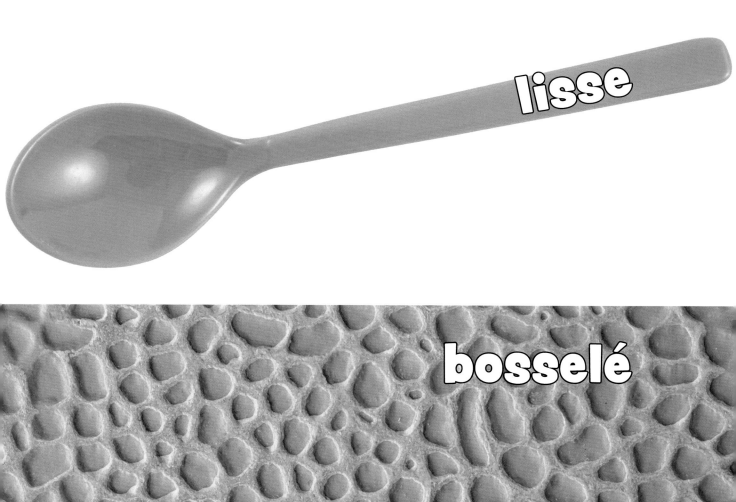

lisse

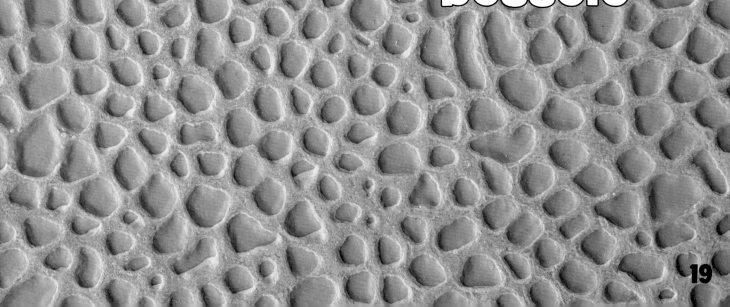

bosselé

19

forme
(FORM)

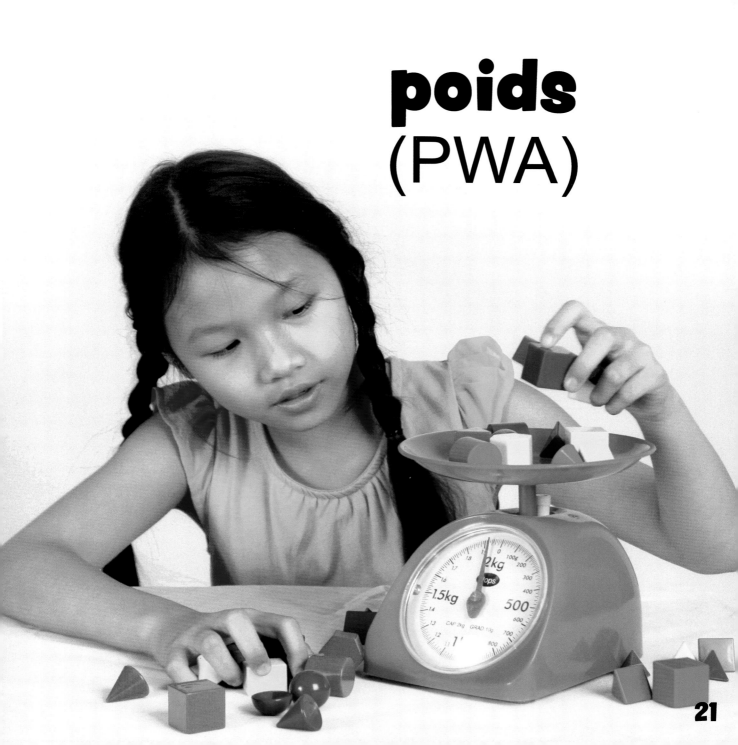

poids
(PWA)

21

Glossaire

couleur (**KOU**-leur) : La couleur est ce que l'on voit quand la lumière brille sur les objets. Nous donnons des noms aux couleurs, comme rouge, blanc ou jaune.

décrire (**DÉ**-krir) : Quand tu décris quelque chose, tu le dis avec des mots.

états (**É**-ta) : L'état a différentes formes ou sortes de matière. La glace est un état solide de l'eau.

forme (**FORM**) : Le contour d'un objet ou d'une image définit sa forme. Une balle a une forme ronde.

gaz (**GAZ**) : Le gaz est une matière que normalement nous ne voyons pas. L'air est un gaz.

liquide (**LI**-kid) : Le liquide est une matière qui est humide et qui peut être versée. Le jus est un liquide.

matière (**MA-ti-èr**) : La matière est tout ce qui a un poids et prend de la place. La matière est partout autour de nous.

poids (**PWA**) : Le poids est une mesure pour savoir combien pèse quelque chose.

solid (**SO-lid**) : Un solide est une matière qui a une forme et qui n'est pas un liquide ou un gaz.

taille (**TAY**) : La taille décrit la grandeur ou la grosseur de quelque chose. Nous pouvons mesurer la taille de différentes façons.

texture (**TÉKS-tur**) : La texture est l'aspect et la sensation de quelque chose. Une cuillère de plastique a une texture lisse.

Soutien de l'école à la maison pour les gardien(ne)s et les enseignant(e)s.

Ce livre aide les enfants à se développer grâce à la pratique de la lecture. Voici quelques exemples de questions pour aider le(a) lecteur(-trice) à développer ses capacités de compréhension. Des suggestions de réponses sont indiquées.

Avant la lecture

- Quel est le sujet de ce livre? Je pense que ce livre traite des différentes sortes de matière.
- Qu'est-ce que je veux apprendre sur ce sujet? Je veux savoir comment les différentes matières sont similaires et différentes.

Durant la lecture

- Je me demande pourquoi... Je me demande quels autres mots le garçon, à la page 13, pourrait utiliser pour décrire le serpent.
- Qu'est-ce que j'ai appris jusqu'à présent? J'ai appris que les mots liés à la couleur, la taille, la texture, la forme et le poids nous disent comment la matière est similaire et différente.

Après la lecture

- Nomme quelques détails que tu as retenus. J'ai appris que les trois états de la matière sont un solide, un liquide et un gaz.
- Écris les mots peu familiers et pose des questions pour mieux comprendre leur signification. Je vois que le mot *décrire* est à la page 12 et le mot *texture* est à la page 18. D'autres mots du vocabulaire se trouvent aux pages 22 et 23.

Crabtree Publishing Company

www.crabtreebooks.com   1–800–387–7650

Version imprimée du livre produite conjointement avec Blue Door Education en 2021.

Contenu produit et publié par Blue Door Publishing LLC dba Blue Door Education, Melbourne Beach Floride É.-U. Copyright Blue Door Publishing LLC. Tous droits réservés. Aucune partie de ce livre ne peut être reproduite ou utilisée sous quelque forme ou par quelque moyen que ce soit, électronique ou mécanique y compris la photocopie, l'enregistrement ou par tout système de stockage et de recherche d'informations sans l'autorisation écrite de l'éditeur

Photographies : Couverture et page 5 legos © ESOlex; couverture illustration bouteilles de boissons gaseuses © AlenKadr; couverture et page 11 illustrations cube de glace et gaz © GraphicsRF; couverture illustration verre d'eau © Lina Truman; couverture et page 9 illustration ballons © Yganko; photo page 3 © FamVeld;, page 7 jus © Theeradech Sanin; page 13 serpent © shutterstock.com/ BLUR LIFE 1975 Crédit éditorial: Ekaterina Malskaya; page 15 poudres colorées © jkjainu; page 17 © dogs Erik Lam; page 19 cuillère © onair; texture bosselée © Korelidou Mila; page 21 © wacomka; page 23 © Jesse Davis. Toutes les photos de Shutterstock.com; page 24 © shutterstock.com/r.classen

Imprimé au Canada/042021/CPC

Auteur : Taylor Farley
Coordinatrice à la production et technicienne au prepress : Samara Parent
Coordinatrice à l'impression : Katherine Berti
Traduction : Claire Savard

Publié au Canada par Crabtree Publishing
616 Welland Ave.
St. Catharines, ON
L2M 5V6

Publié aux États-Unis par Crabtree Publishing
347 Fifth Ave
Suite 1402-145
New York, NY 10016

Catalogage avant publication de Bibliothèque et Archives Canada

Titre: Des mots de la matière / Taylor Farley.
Autres titres: Matter words. Français.
Noms: Farley, Taylor, auteur.
Description: Mention de collection: Mes premiers mots de science | Collection Crabtree "Les jeunes plantes" | Traduction de : Matter words. | Traduction : Claire Savard. | Comprend un index.
Identifiants: Canadiana (livre imprimé) 2021016798X | Canadiana (livre numérique) 20210168005 | ISBN 9781427136923 (couverture souple) | ISBN 9781427137609 (HTML) | ISBN 9781427150776 (EPUB)
Vedettes-matière: RVM: Matière—Terminologie—Ouvrages pour la jeunesse. | RVM: Chimie—Terminologie—Ouvrages pour la jeunesse.
Classification: LCC QC173.16 .F3714 2021 | CDD j530—dc23